Franz X. Bühler

Liebe

Création „Vom Kopf ins Herz“ – Ausgabe 11

„Große Freuden im Kleinformat“

In Liebe...

Wenn du nach Worten ringst,...

um deine schönsten Gefühle zu beschreiben, wenn du vor überschäumender Freude keine klaren Gedanken zu fassen vermagst, wenn du die ganze Welt umarmen möchtest, dann gibt es nur ein magisches Wort, all‘ dies zu erfassen:
„Die Liebe!“

Was ist bloß los?

Ich denke oft an dich;
fühle, dass du mir wichtig bist;
habe das Bedürfnis, heute
besonders aufmerksam zu sein;
suche Möglichkeiten,
dir Freude zu bereiten;
verspüre den Wunsch,
dir Blumen zu schenken.

Ich glaub' ich bin verliebt...♥

Wo die Liebe wohnt,...

wird selbst eine Hütte
zum goldenen Palast.

Danke, dass ich in
deinem Herzen „wohnen“ darf.

Auch das ist Liebe

Wenn ein Mann in den Staub
auf der Kommode schreibt:

„Ich liebe dich!“

... und sich auch dann noch
daran erfreuen kann, wenn
seine Partnerin die Worte lange
dort stehen lässt. ☺

Ja, die Liebe...

hat viele Gesichter.

Eines davon siehst du
jeden Tag im Spiegel.

Jedem Anfang...

wohnt ein Zauber inne.
Lass' uns zusammen diesen
Zauber durch alle
gemeinsamen Tage tragen,
ihn pflegen, uns verzücken lassen,
auf dass er uns als nie versiegende
Quelle durch schattige
Momente begleite...

Wahrlich drei Worte
von ungeheurer Kraft:

„Ich liebe dich!“

Und sie sind nicht nur für die verliebten Momente des Lebens. Im Gegenteil! Denke und sage diese kraftvollen Zauberworte so oft wie möglich.

Lieben heißt auch:

„Ich richte meine ganze Energie
auf das, was ich von Herzen will.
Ich bin begeistert
mit jeder Faser meines Seins.
Ich schwinge, vibriere und
zittere vor Aufregung,
wenn ich daran denke.“

Es ist schön, dass es dich gibt!

Liebe ist...

ein großes, ja, ein sehr
großes Wort. Doch, was denkst
du, wo fängt sie an?
Richtig!
Bei jedem einzelnen Menschen,
bei dir und mir! Wie sollen
andere dich gern haben, wenn du
dich selbst nicht lieben kannst?

Ein Rezept für Frieden auf der Welt

Liebe deinen Nächsten
wie dich selbst!

Lieben heißt,

„In den anderen sich selbst zu erobern." ...sagte Christian Friedrich Hebbel, denn wenn andere deine Spiegel und Botschafter sind, dann verliebe dich in deren Unzulänglichkeiten, es sind auch die Deinen.

Auch das sind Gedanken zur Liebe

Die Liebe soll die größte Kraft sein,
die wir kennen? Was ist damit
gemeint? Alles heil, alles in
Ordnung, alles rosa?
Nein!
Etwas lieben bedeutet,
es mit all seinen Facetten zu
mögen, zu akzeptieren, nicht damit
zu hadern oder daran zu zweifeln.

Schaue in den Spiegel...

und sage herzlich:
„Ich liebe dich!"

Richte deinen Blick auf die
wundervolle Natur und sage:
„Ich liebe dich!"

Betrachte deine Arbeit und sage:
„Ich liebe dich!"

Beobachte deine
Mitmenschen und denke:
„Ich liebe euch für euer So-sein!“

Schau in die Augen
deines/deiner PartnerIn und sage:
„Ich liebe dich!“

Betrachte dein bisheriges
Leben und sage:
„Ich liebe und akzeptiere dich!“

Schaue in die Augen...

deines Kindes, umarme es und sage:

„Ich hab dich lieb!“

Du hast eine körperliche
Behinderung, ein „Versehen“?

„Ich liebe und akzeptiere dich!“

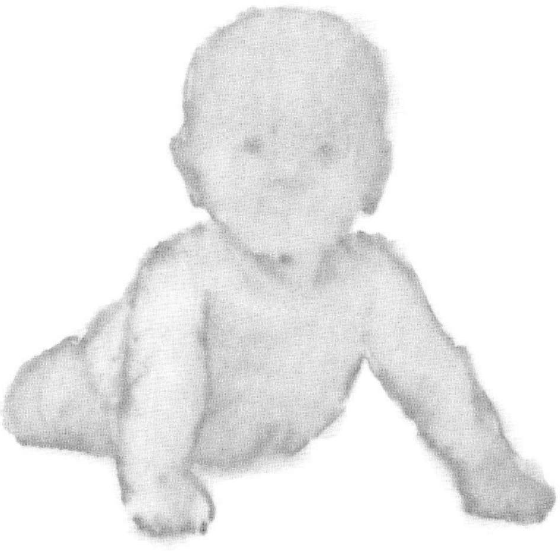

Ja,...

die Liebe
ist ein Schlüssel
zu den Herzen aller
und erobert uns auch ohne Worte.

♥ ♥ ♥

Auch das ist
ein Gesicht der Liebe,...

wenn ich die Meinung
und Sichtweise des anderen
selbst dann akzeptiere, wenn sie
ganz anders ist als meine.

Glaube es - oder nicht...

Du kannst Liebe bewahren
und auf Abruf aktivieren!

Mache es mit der Liebe
wie mit dem Glück:

*„Schreibe in dein Tagebuch alles, was
dir heute ein Gefühl von Liebe gab.“*

Und kommt ein Moment,
in dem du eine tiefe Sehnsucht
nach Liebe verspürst, liest du ganz
einfach diese Worte in Ruhe durch.

Du wirst sehen, sie sind reinster
Balsam und erquicken Seele,
Geist und Körper.

Ist es nicht wunderbar,
was die Magie der Liebe alles vermag...♥

Liebe bedeutet auch...

das Wunder des Eins-Seins
zu genießen und sich
genauso als einzelnes
Wesen wohl zu fühlen.

Keiner verdient deine Tränen...

und wer sie wirklich verdiente, wird
dich nicht zum Weinen bringen?
Geschieht es doch, dann
schenke ihm in deiner Liebe die
Chance, damit die Tränen des
Schmerzes zu Tränen des Glücks,
der Freude und zu strahlenden
Augen des Verzeihens werden.

Wichtig!

Schiebe deine Liebeserklärungen nie hinaus. Auch nicht auf einen ganz speziellen, noch besser passenden Augenblick!

Es könnte vielleicht zu spät sein…

Die Kunst der Liebe ist...

einen geliebten Menschen
in seine Arme zu nehmen
und liebevoll festzuhalten,
damit er sich geborgen fühlt.

Auch eine Kunst der Liebe ist...

ihm voll Herzenswärme
zu vertrauen und ihn gleichzeitig
auch loszulassen,
damit er sich frei entwickeln kann.

Eine weitere Kunst der Liebe ist...

mit ihm die Zeiten von Freud
und Leid zu teilen, auf dass sich
die Freude verdoppeln und das
Leid zu halbieren vermögen.

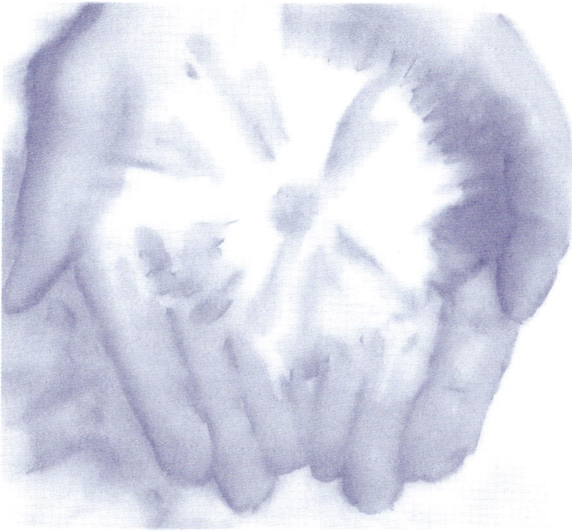

Die ganz große Kunst der Liebe ist...

den anderen so zu lieben, wie er ist. Mit allen seinen Ecken und Kanten, Mustern und möglichen Fehlern, ganz einfach, weil auch sie zu ihm gehören... und dich dabei jeden Tag aufs Neue für ihn zu begeistern, dich zu verlieben...

Ich weiß,
du bist ein toller Künstler,
eine tolle Künstlerin. Du kannst es
und du schaffst es ganz bestimmt.
Darum lade ich dich ein:
*„Komm mit auf das Trapez der Liebe
und lass uns Artisten der Liebe sein.“*

Zusammen...
schaffen wir es ganz bestimmt.
Danke, dass es dich gibt...♥

Ich wünsche dir,...

dass du in deinem Leben
noch unzählige Augenblicke der
Liebe erlebst und sie einen festen
Platz in deinem Herzen finden.

Ja, es ist wirklich schön,...

dass es dich gibt.
In deiner Gegenwart fühle
ich mich immer wunderbar
getragen und geborgen.

Danke, für die Wärme und Liebe,
dich ich mit dir erfahren darf.

Wie schön sie doch sind,...

die Momente in denen wir lieben
und fühlen, dass uns jemand liebt,
oder ganz einfach selber liebevolle
Gefühle für jemanden verspüren.
Momente, die am liebsten
ewig andauern mögen.

Danke, dass du mich liebst...

Und wenn alle Seile zu reißen...

drohen, die Flamme der Liebe zu flackern beginnt, dann ist der wichtigste, verbleibende Rettungs-anker *„die Hoffnung“*. Lasse sie nie sterben. Sie ist die zarte Flamme deiner letzten, brennenden Kerze.

Erinnere dich, was eure Liebe entflammte, was euch zusammenführte und gib eurer Liebe weitere Chancen. Sie hat es verdient!

„Ich wünsche dir
von ganzem Herzen, dass
deine Kerze der Hoffnung
die Kerze des Vertrauens,
die Kerze des Friedens
und die Kerze der Liebe
wieder entflammt!“

Als Autor wünsche ich dir alles...

Gute auf deiner „*Reise der Liebe*".
Ohne dich persönlich zu kennen
wage ich, dir von Herzen zu sagen:

„Ja, ich liebe dich. Ich liebe dich, dass du dir die Chancen gibst, dich weiter zu entwickeln. Ich liebe dich ganz einfach dafür, dass du ein Mensch bist."

Herzlich – Franz X. Bühler

Liebe ist eine Reise

Mal führt sie uns durch sonnige
Tage, mal durch regnerische, mal
gar durch heftige Gewitter.
Es braucht alle diese Tage.
Erst die fordernden lassen uns
erkennen, wie schön die
sonnigen sind. Tanke auf an
sonnigen Tagen, damit du
Kraft für die anderen gewinnst.

Ja, ich weiß,

die Liebe ist ein fortwährendes Werk. Sie kann anspruchsvolle Arbeit sein und bedarf täglicher Pflege. Sie ist nicht besiegelt mit einem Vertrag. Sie ist Weg und Ziel zugleich. Bist du bereit, mit mir diesen Weg weiter zu gehen?

Ich will!

Geschenke aus der Reihe

„Große Freuden im Kleinformat“

Création ©„Vom Kopf ins Herz“

No. 1	Willkommen
No. 2	Danke
No. 3	Gratulation
No. 4	Einfach so...
No. 5	Gesundheit
No. 6	Trost und Trauer
No. 7	Golf ist mehr...
No. 8	Erfolg
No. 9	Krise? Aufbruch!
No. 10	Begeisterung
No. 11	Liebe

Es sind regelmäßig weitere Titel lieferbar!

Geschenke aus der Reihe

©„Vom Kopf ins Herz"

... nach dem gleichnamigen Bestseller

„Vom Kopf ins Herz"
ISBN 978-3-941633-10-0 (Band 1- Deutsch)

„Mehr Vom Kopf ins Herz"
ISBN 978-3-941633-11-7 (Band 2 - Deutsch)

„Out of the Head and into the Heart"
ISBN 978-3-941633-12-4 (Band 1 - Englisch)

„Dalla mente al cuore"
ISBN 978-3-941633-13-1 (Band 1 - Italienisch)

„Große Freuden im Kleinformat"

Autor – Franz X. Bühler
Illustrationen – Franz X. Bühler

Verlag, Produktion und Vertrieb – weltweit:
MENANI GmbH
Eichbergstrasse 13
D-86935 Rott am Lech/Ammersee
Telefon + 49 (0) 8869 911 571
Telefax + 49 (0) 8869 911 573
info@menani.com
www.menani.com